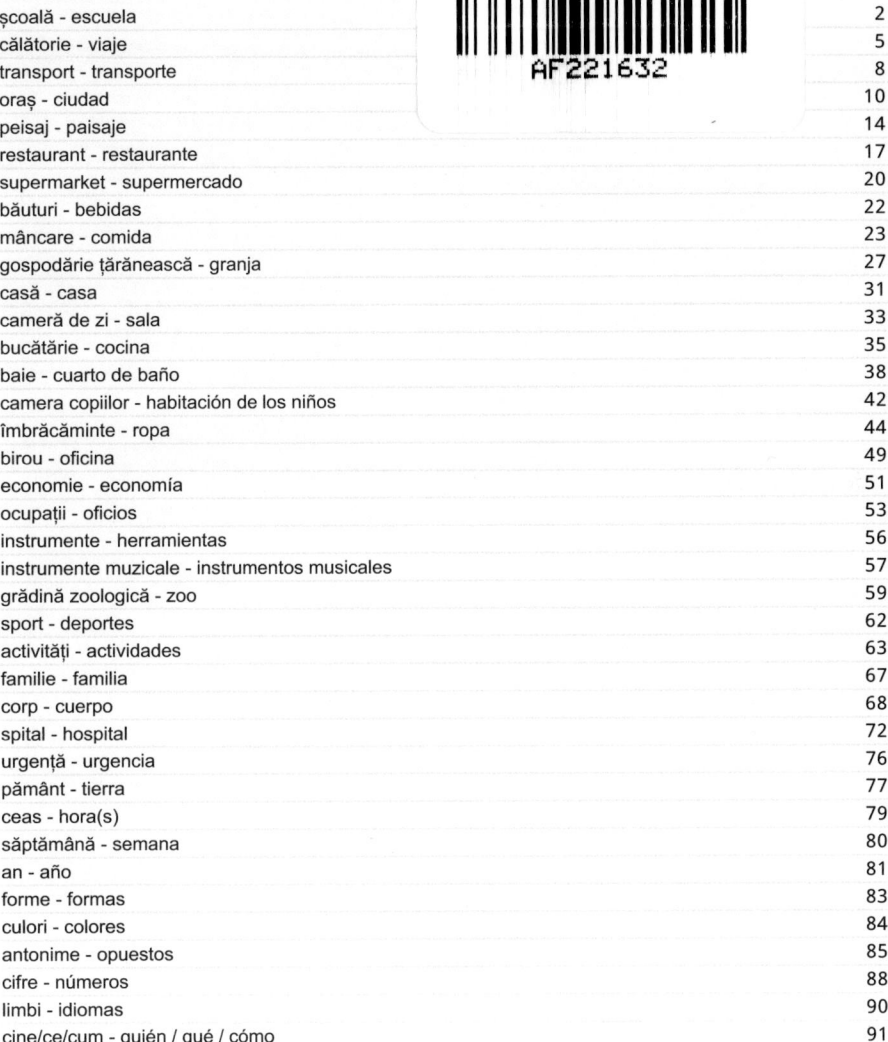

Impressum
Verlag: BABADADA GmbH, Nedderfeld 112 , 22529 Hamburg
Geschäftsführer / Verlagsleitung: Harald Hof
Druck: Books on Demand GmbH, In de Tarpen 42, 22848 Norderstedt

Imprint
Publisher: BABADADA GmbH, Nedderfeld 112 , 22529 Hamburg, Germany
Managing Director / Publishing direction: Harald Hof
Print: Books on Demand GmbH, In de Tarpen 42, 22848 Norderstedt, Germany

școală
escuela

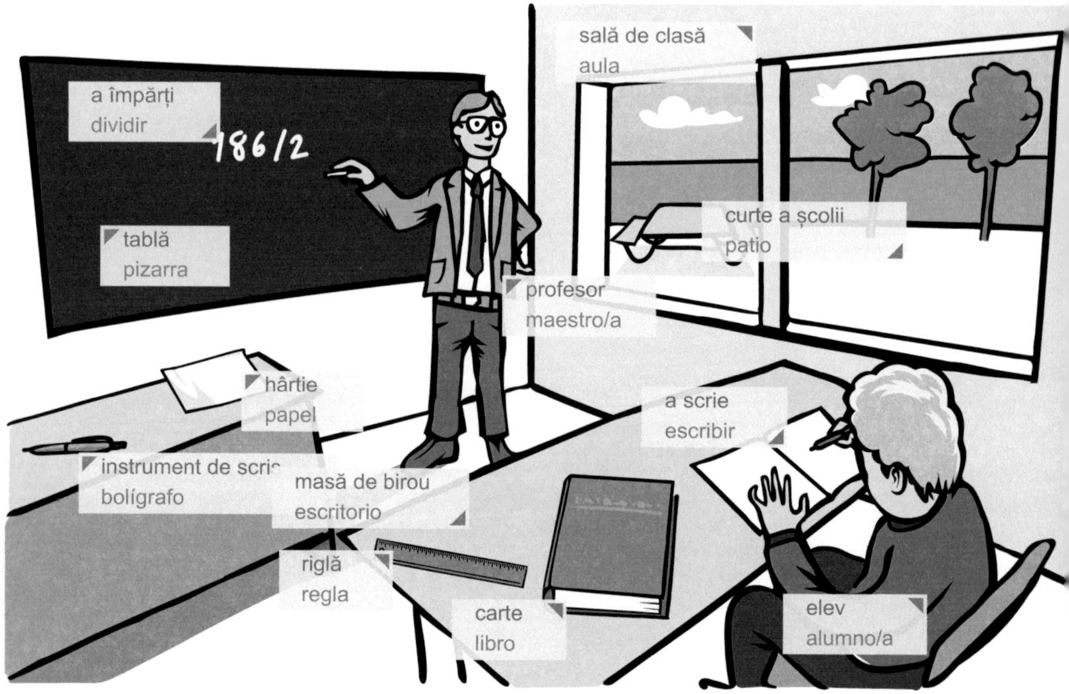

sală de clasă
aula
a împărți
dividir
186/2
tablă
pizarra
curte a școlii
patio
profesor
maestro/a
hârtie
papel
a scrie
escribir
instrument de scri
bolígrafo
masă de birou
escritorio
riglă
regla
carte
libro
elev
alumno/a

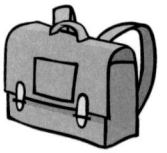

ghiozdan

cartera

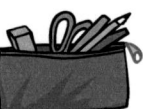

penar

caja de lápices

creion

lápiz

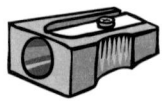

ascuțitoare

sacapuntas

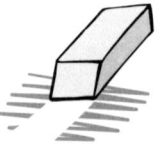

radieră

goma de borrar

bloc de desen

cuaderno de dibujo

desen

dibujo

pensulă

pincel

cutie de acuarele

caja de pinturas

foarfece

tijeras

lipici

pegamento

caiet de exerciții

cuaderno de ejercicios

temă

deberes

12

număr

número

2+2

a aduna

sumar

5-2

a scădea

restar

2×2

a multiplica

multiplicar

a calcula

calcular

A

literă

letra

ABCDEFG
HIJKLMN
OPQRSTU
VWXYZ

alfabet

alfabeto

hello

cuvânt

palabra

text

texto

a citi

leer

cretă

tiza

oră

lección

catalog

cuaderno de notas

examen

examen

certificat

certificado

uniformă școlară

uniforme escolar

educație

educación

enciclopedie

enciclopedia

universitate

universidad

microscop

microscopio

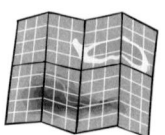

hartă

mapa

coș de gunoi

papelera

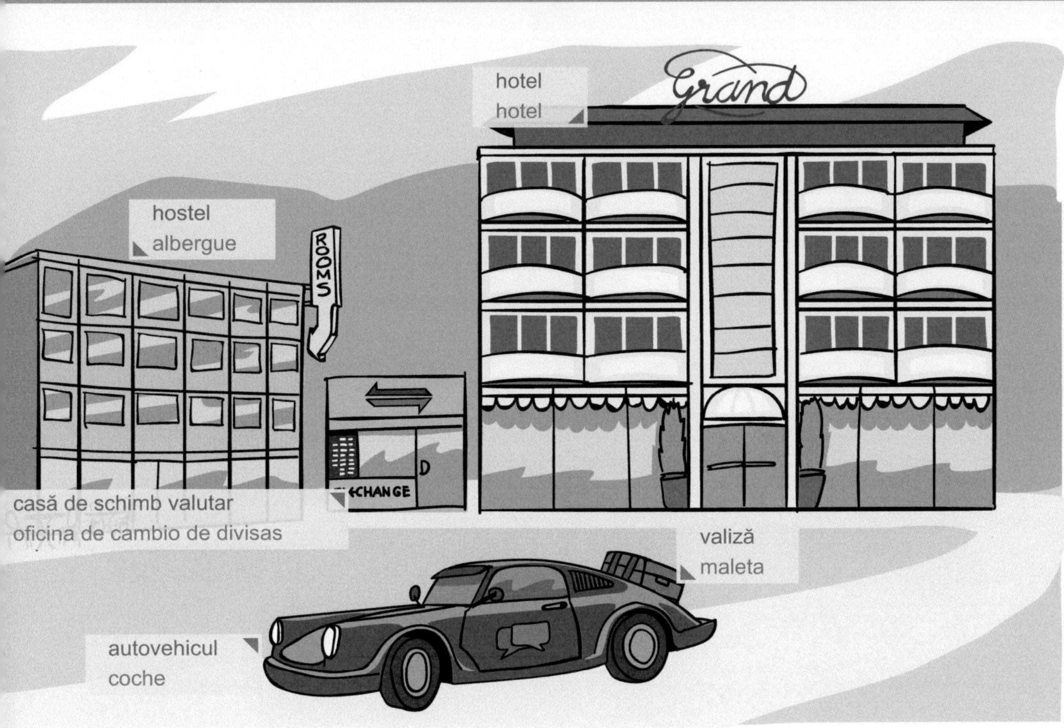

hotel
hotel
Grand
hostel
albergue
ROOMS
EXCHANGE
casă de schimb valutar
oficina de cambio de divisas
valiză
maleta
autovehicul
coche

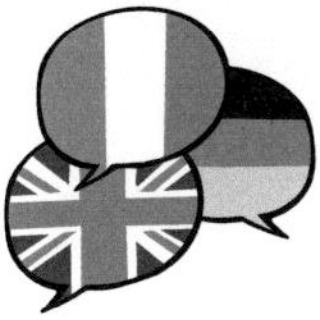

limbă

idioma

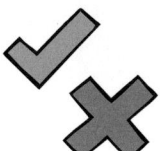

da/nu

sí / no

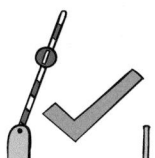

okay

Vale

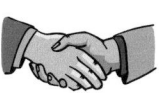

Bună!

hola

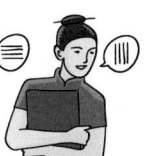

interpret

traductor

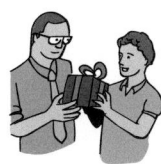

mulțumesc

Gracias

Cât costă…?

¿cuánto es…?

Nu înțeleg

No entiendo

problemă

problema

Bună seara!

¡Buenas tardes!

Bună dimineața!

¡Buenos días!

Noapte bună!

¡Buenas noches!

la revedere

adiós

direcție

dirección

bagaj

equipaje

geantă

bolsa

rucsac

mochila

oaspete

invitado

cameră

habitación

sac de dormit

saco de dormir

cort

tienda de campaña

punct de informare turistică

información turística

plajă

playa

carte de credit

tarjeta de crédito

mic dejun

desayuno

masa de prânz

almuerzo

cină

cena

bilet de călătorie

billete

lift

ascensor

timbru poștal

sello

graniță

frontera

vamă

aduana

ambasadă

embajada

viză

visa

pașaport

pasaporte

transport
transporte

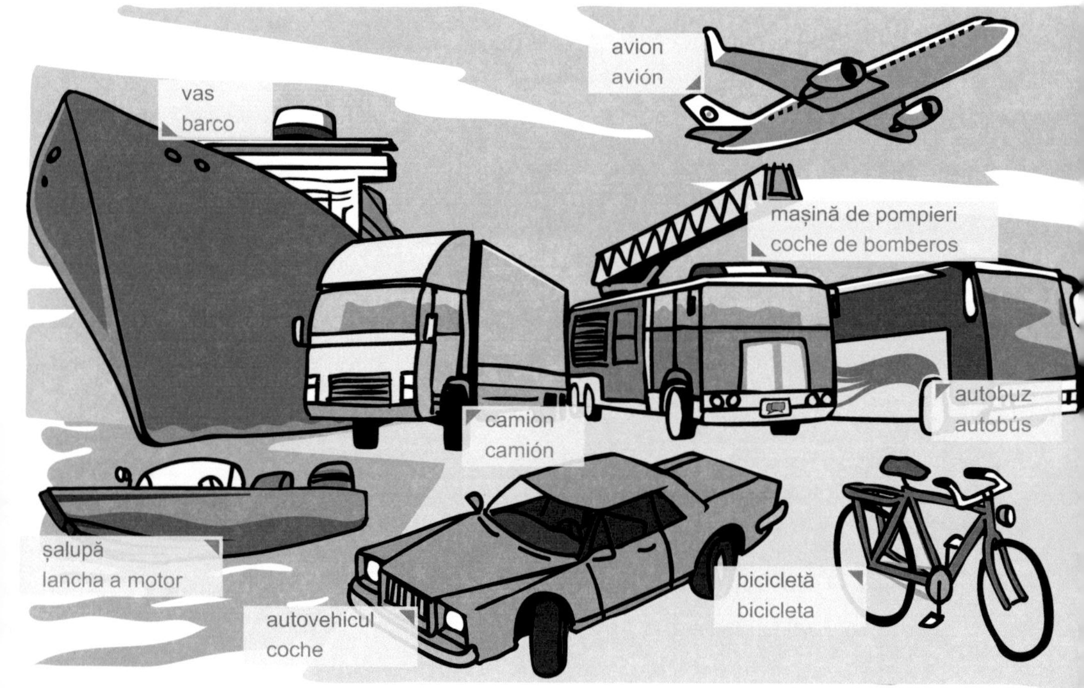

avion
avión
vas
barco
mașină de pompieri
coche de bomberos
camion
camión
autobuz
autobús
șalupă
lancha a motor
bicicletă
bicicleta
autovehicul
coche

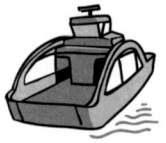

feribot

transbordador

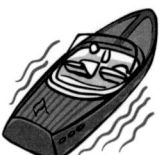

barcă

barca

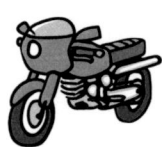

motocicletă

moto

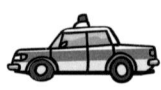

mașină de poliție

coche de policía

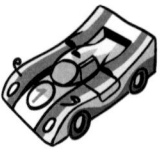

mașină de curse

coche de carreras

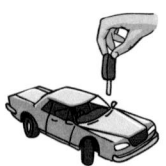

mașină închiriată

coche de alquiler

car sharing

préstamo de vehículos

maşină de tractat

grúa

maşină de gunoi

camión de la basura

motor

motor

combustibil

gasolina

benzinărie

gasolinera

semn de circulaţie

señal de tráfico

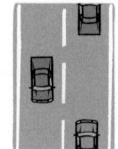

trafic

tráfico

ambuteiaj

atasco

parcare

aparcamiento

gară

estación de tren

şine

vías

tren

tren

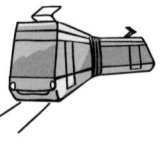

tramvai

tranvía

vagon

vagón

elicopter

helicóptero

aeroport

aeropuerto

turn

torre

pasager

pasajero

container

contenedor

carton

caja de cartón

căruţă

carretilla

coş

cesta

a decola/a ateriza

despegar / aterrizar

oraş

ciudad

sat

pueblo

centru

centro de ciudad

casă

casa

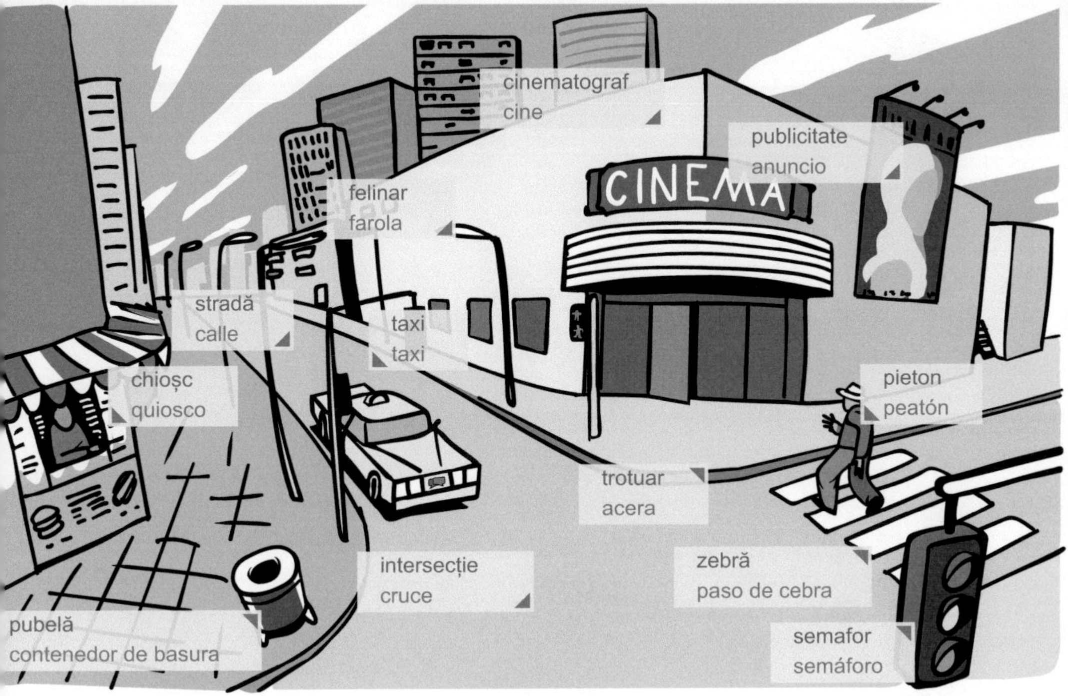

cinematograf
cine
publicitate
anuncio
CINEMA
felinar
farola
stradă
calle
taxi
taxi
chioșc
quiosco
pieton
peatón
trotuar
acera
intersecție
cruce
zebră
paso de cebra
pubelă
contenedor de basura
semafor
semáforo

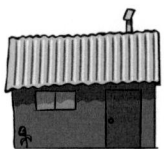

cabană

cabaña

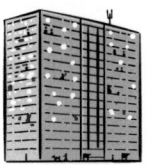

apartament

apartamento

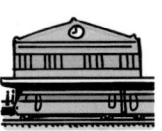

gară

estación de tren

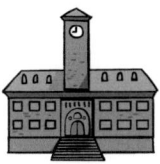

primărie

ayuntamiento

MUSEUM

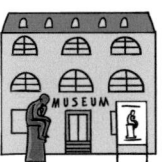

muzeu

museo

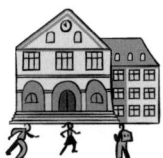

școală

escuela

universitate

universidad

bancă

banco

spital

hospital

hotel

hotel

farmacie

farmacia

birou

oficina

librărie

librería

magazin

tienda

florărie

floristería

supermarket

supermercado

piață

mercado

magazin universal

grandes almacenes

comerciant de pește

pescadería

centru comercial

centro comercial

port

puerto

parc

parque

bancă

banco

pod

puente

trepte

escaleras

metrou

metro

tunel

túnel

stație de autobuz

parada de autobús

bar

bar

restaurant

restaurante

cutie poștală

buzón

tăbliță indicatoare cu
numele străzii

poste indicador

parcometru

parquímetro

grădină zoologică

zoo

piscină

piscina

moschee

mezquita

gospodărie țărănească
granja

poluare
contaminación

cimitir
cementerio

biserică
iglesia

loc de joacă
patio de juego

templu
templo

peisaj
paisaje

frunză
hoja

indicator
señal

drum
camino

pajiște
prado

piatră
piedra

copac
árbol

drumeț
excursionista

râu
río

iarbă
hierba

floare
flor

vale
valle

deal
colina

lac
lago

pădure
bosque

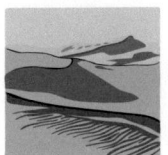

deșert
desierto

vulcan
volcán

castel
castillo

curcubeu
arcoíris

ciupercă
champiñón

palmier
palmera

țânțar
mosquito

muscă
mosca

furnică
hormiga

albină
abeja

păianjen
araña

gândac

escarabajo

broască

rana

veveriță

ardilla

arici

erizo

iepure

liebre

bufniță

lechuza

pasăre

pájaro

lebădă

cisne

porc mistreț

jabalí

cerb

ciervo

elan

alce

dig

presa

turbină eoliană

turbina eólica

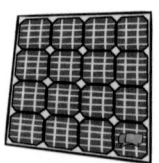

panou solar

panel solar

climă

clima

restaurant
restaurante

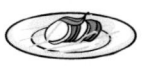

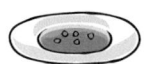

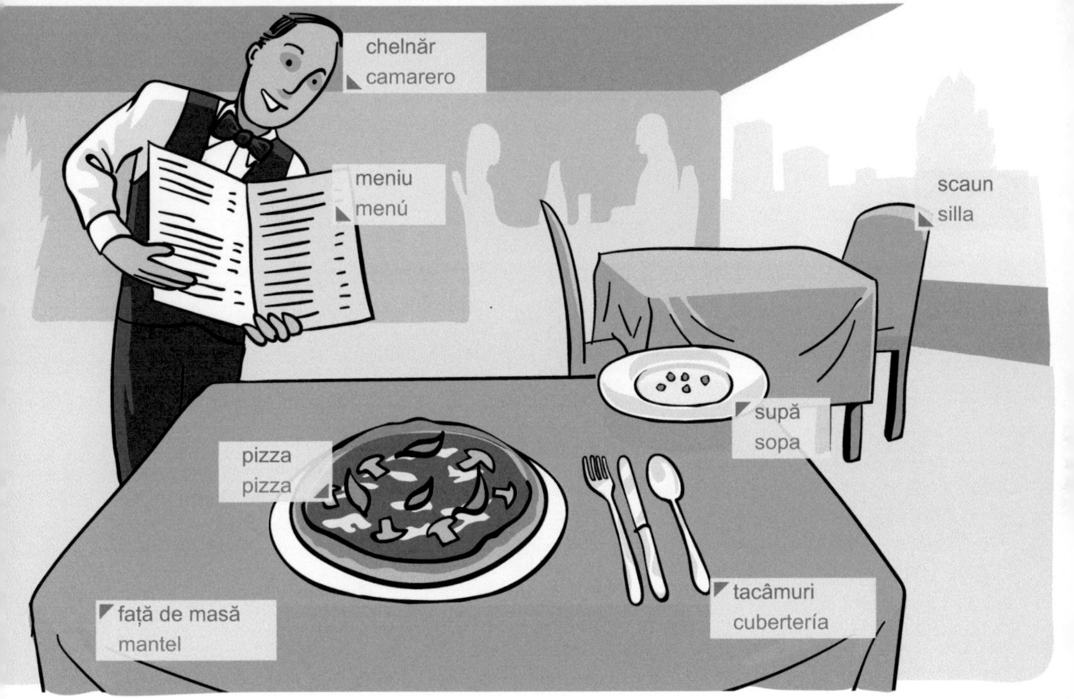
chelnăr
camarero
meniu
menú
scaun
silla
supă
sopa
pizza
pizza
tacâmuri
cubertería
față de masă
mantel

antreu

primer plato

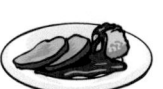

fel principal

plato principal

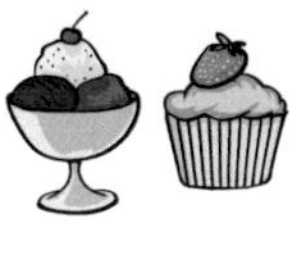

desert

postre

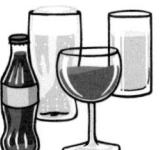

băuturi

bebidas

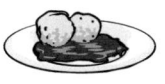

mâncare

comida

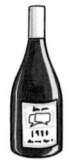

sticlă

botella

fastfood

comida rápida

streetfood

comida callejera

ceainic

tetera

zaharniță

azucarero

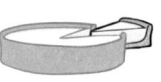

porție

porción

espressor

cafetera expreso

scaun înalt (pentru copii)

trona

factură

cuenta

tavă

bandeja

cuțit

cuchillo

furculiță

tenedor

lingură

cuchara

linguriță

cucharilla

șervețel

servilleta

pahar

vaso

restaurant - restaurante

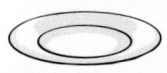

farfurie

plato

farfurie de supă

plato hondo

farfurie

platillo

sos

salsa

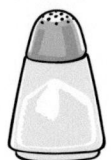

solniță

salero

râșniță de piper

molinillo de pimienta

oțet

vinagre

ulei

aceite

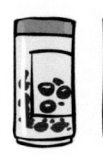

condimente

especias

ketchup

ketchup

muștar

mostaza

maioneză

mayonesa

supermarket
supermercado

ofertă
oferta especial
FOR
client
cliente
produse lactate
lácteos
fructe
fruta
cărucior de cumpărături
carro de la compra

BUTCHERS

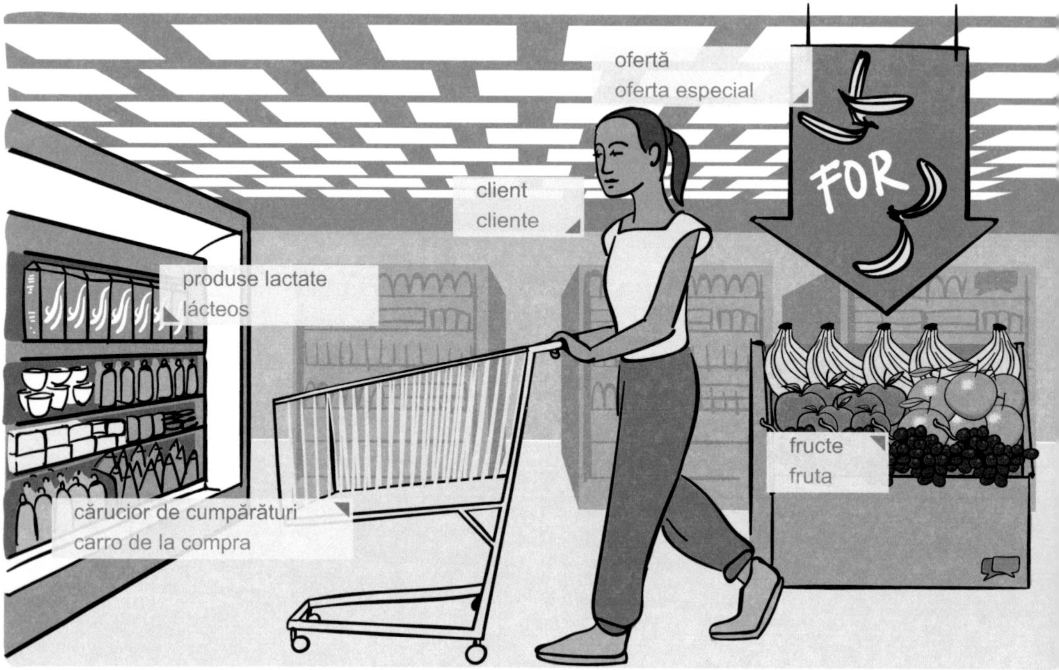

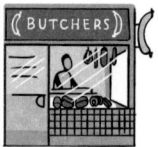

măcelărie

carnicería

BAKERY

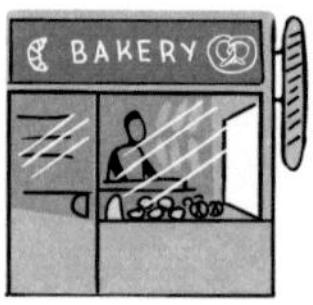

brutărie

panadería

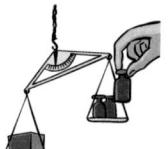

a cântări

pesar

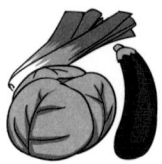

legume

verduras

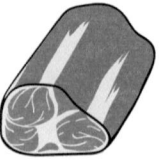

carne

carne

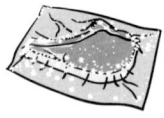

alimente refrigerate

alimentos congelados

mezeluri și brânzeturi feliate

fiambres

conserve

conservas

detergent

detergente en polvo

dulciuri

dulces

articole de menaj

productos de uso doméstico

produse de curățenie

productos de limpieza

vânzătoare

vendedora

casă

caja

casier

cajero

listă de cumpărături

lista de la compra

orar

horario de atención al público

portmoneu

cartera

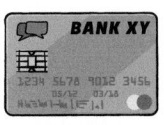

carte de credit

tarjeta de crédito

geantă

bolsa

pungă de plastic

bolsa de plástico

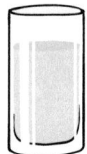

apă
agua

suc
zumo

lapte
leche

cola
cola

vin
vino

bere
cerveza

alcool
alcohol

cacao
cacao

ceai
té

cafea
café

espresso
expreso

cappucino
capuchino

banane

plátano

măr

manzana

portocală

naranja

pepene

melón

lămâie

limón

morcov

zanahoria

usturoi

ajo

bambus

bambú

ceapă

cebolla

ciupercă

champiñón

nuci

avellanas

paste făinoase

fideos

spagheti

espagueti

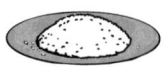

orez

arroz

salată

ensalada

cartofi prăjiți

patatas fritas

cartofi țărănești

patatas fritas

pizza

pizza

hamburger

hamburguesa

sandwich

sándwich

șnițel

filete

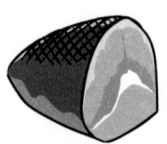

șuncă

jamón

salam

salami

cârnați

salchicha

pui

pollo

friptură

asado

pește

pescado

fulgi de ovăz

copos de avena

musli

muesli

cereale

copos de maíz

făină

harina

corn

cruasán

chifle

panecillo

pâine

pan

pâine prăjită

tostada

biscuiți

galletas

unt

mantequilla

brânză de vaci

cuajada

prăjitură

pastel

ou

huevo

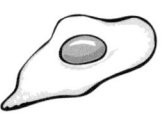

ouă ochiuri

huevo frito

brânză

queso

îngheţată

helado

zahăr

azúcar

miere

miel

marmeladă

mermelada

cremă nuga

crema de turrón

curry

curry

gospodărie țărănească
granja

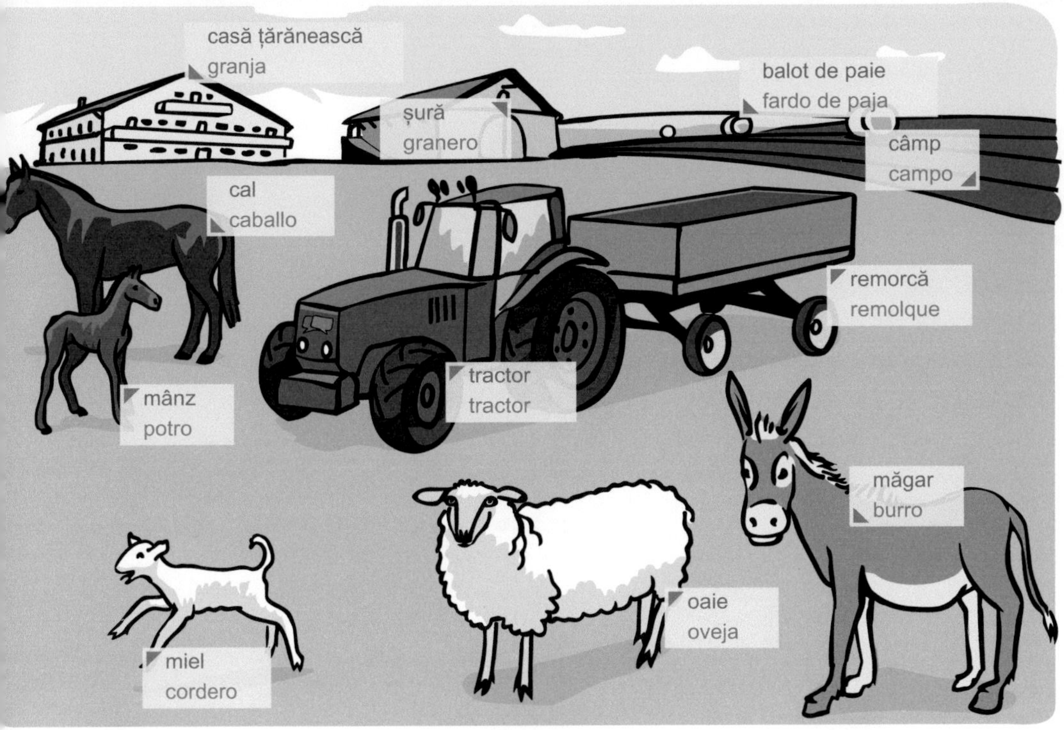

casă țărănească
granja
șură
granero
balot de paie
fardo de paja
câmp
campo
cal
caballo
remorcă
remolque
mânz
potro
tractor
tractor
măgar
burro
oaie
oveja
miel
cordero

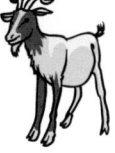

capră

cabra

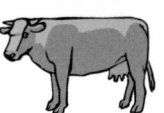

vacă

vaca

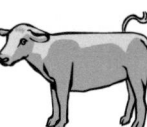

vițel

ternero

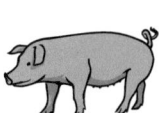

porc

cerdo

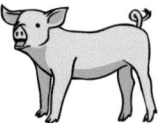

purcel

cerdito

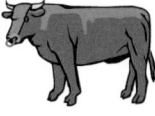

taur

toro

găină

ganso

rață

pato

pui

pollo

găină

gallina

cocoș

gallo

șobolan

rata

pisică

gato

șoarece

ratón

bou

buey

câine

perro

cușcă

perrera

furtun de grădină

manguera

stropitoare

regadera

coasă

guadaña

plug

arado

secextra

seceră

hoz

sapă

azada

furcă

horca

secure

hacha

roabă

carretilla

troacă

abrevadero

cană pentru lapte

lechera

sac

saco

gard

valla

grajd

establo

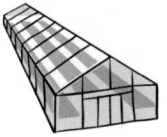

seră

invernadero

sol

suelo

sămânță

semilla

fertilizator

fertilizador

combină de treierat

cosechadora

a culege

cosechar

recoltă

cosecha

cartof yam

ñame

grâu

trigo

soia

soja

cartof

patata

porumb

maíz

rapiță

semilla de colza

pom fructifer

árbol frutal

manioc

mandioca

cereale

cereales

casă

casa

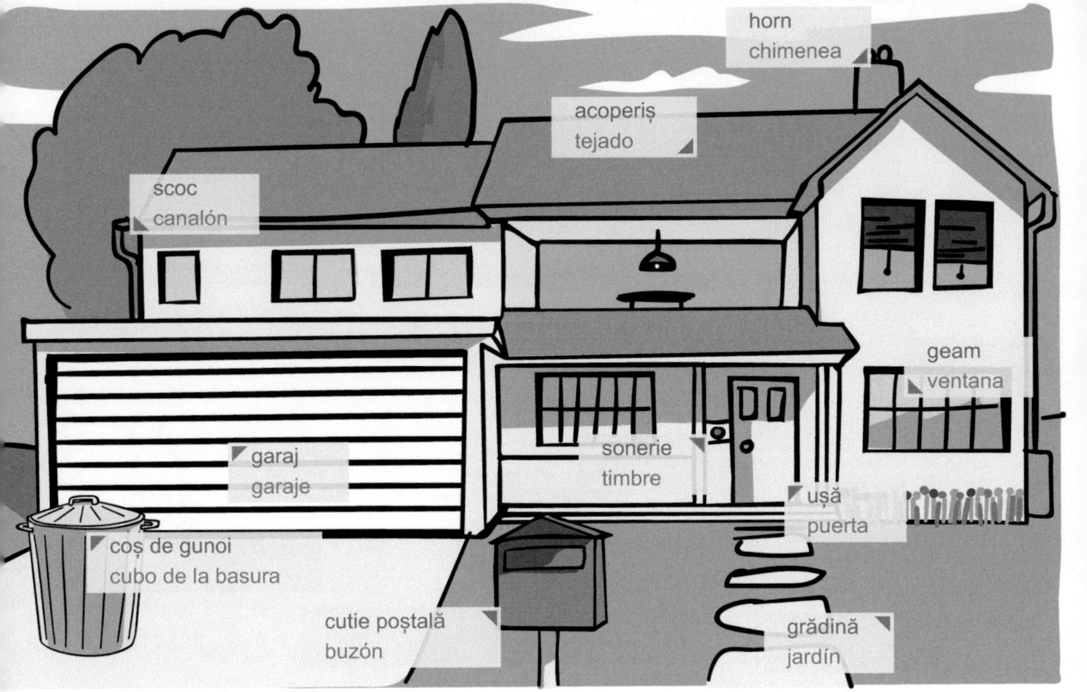
horn
chimenea
acoperiș
tejado
scoc
canalón
geam
ventana
sonerie
timbre
garaj
garaje
ușă
puerta
coș de gunoi
cubo de la basura
cutie poștală
buzón
grădină
jardín

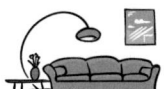

camеră de zi

sala

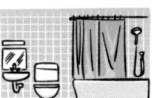

baie

cuarto de baño

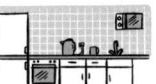

bucătărie

cocina

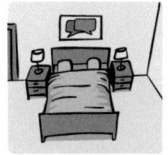

dormitor

dormitorio

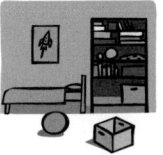

camera copiilor

habitación de los niños

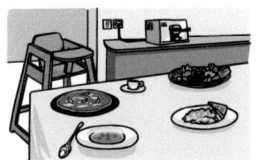

sufragerie

comedor

podea

suelo

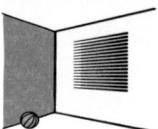

perete

pared

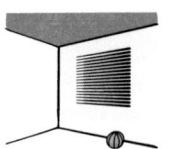

tavan

techo

pivniță

sótano

saună

sauna

balcon

balcón

terasă

terraza

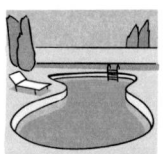

piscină

piscina

mașină de tuns iarba

cortacésped

cearșaf

sábana

cuvertură

colcha

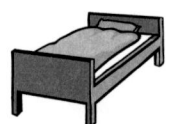

pat

cama

mătură

escoba

găleată

balde

întrerupător

interruptor

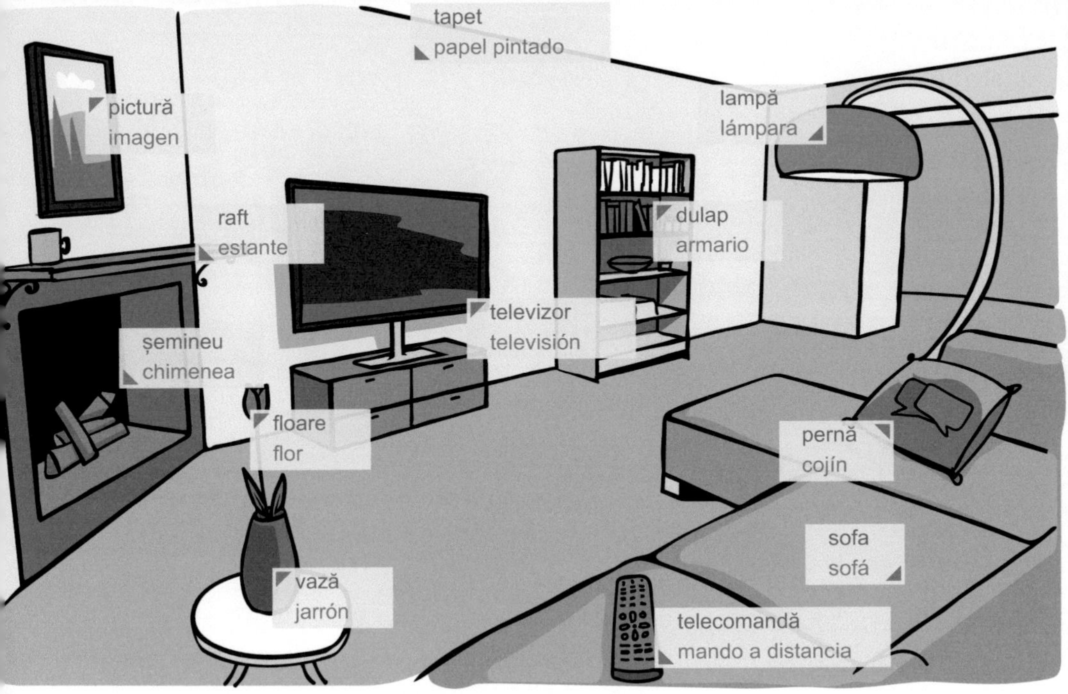

tapet
papel pintado

pictură
imagen

lampă
lámpara

raft
estante

dulap
armario

șemineu
chimenea

televizor
televisión

floare
flor

pernă
cojín

sofa
sofá

vază
jarrón

telecomandă
mando a distancia

covor

alfombra

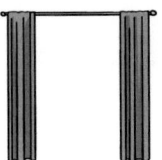

perdea

cortina

masă

mesa

scaun

silla

balansoar

mecedora

fotoliu

butaca

carte

libro

pătură

manta

decoraţiune

decoración

lemn de foc

leña

film

película

instalaţie stereo

equipo de música

cheie

llave

ziar

periódico

desen

pintura

poster

póster

radio

radio

caiet de notiţe

cuaderno

aspirator

aspiradora

cactus

cactus

lumânare

vela

bucătărie

cocina

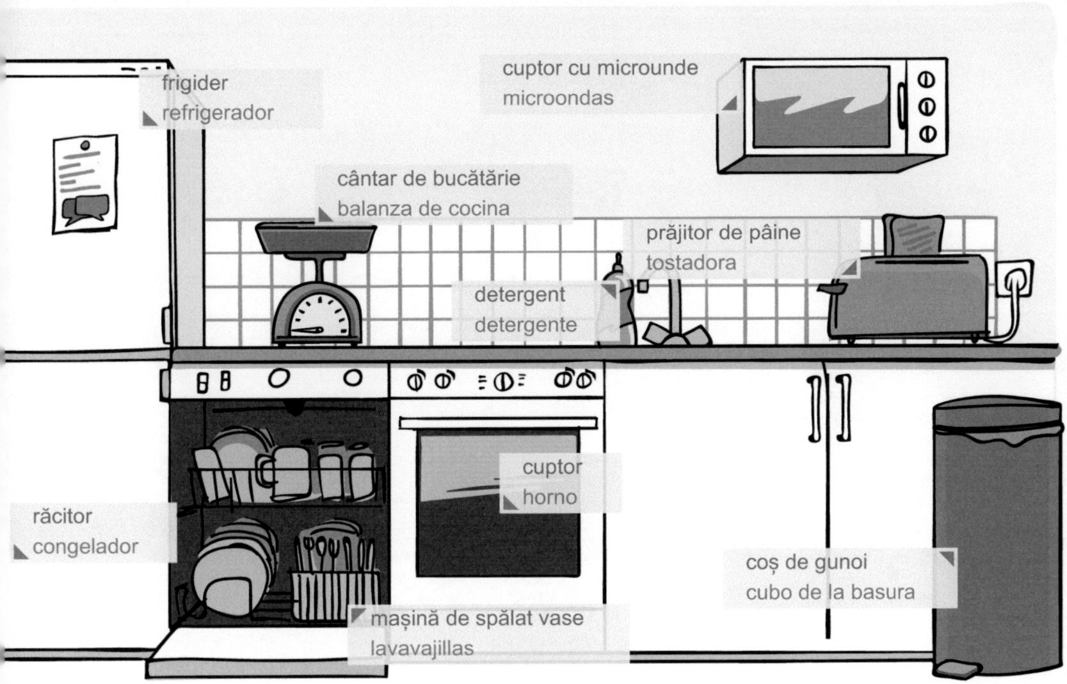

frigider
refrigerador
cuptor cu microunde
microondas
cântar de bucătărie
balanza de cocina
prăjitor de pâine
tostadora
detergent
detergente
cuptor
horno
răcitor
congelador
coș de gunoi
cubo de la basura
mașină de spălat vase
lavavajillas

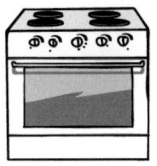

cuptor

olla a presión

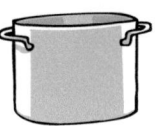

oală

olla

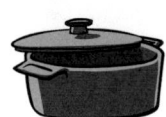

oală de metal

olla de hierro fundido

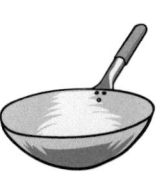

wok/kadai

wok / karahi

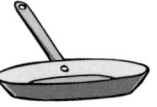

tigaie

cazuela

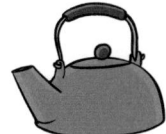

ceainic

hervidor

oală de gătit cu aburi

vaporera

tavă de copt

chapa de horno

vesela

vajilla

pahar

taza

bol

tazón

bețișoare

palillos

polonic

cucharón

spatulă

espumadera

tel

batidor

sită

colador

sită

cedazo

răzătoare

rallador

mojar

mortero

grătar

barbacoa

loc pentru grătar

hoguera

tocător

tabla de picar

sucitor

rodillo

tirbușon

sacacorchos

conservă

lata

deschizător de conserve

abrelatas

șervete termice

agarrador

chiuvetă

lavabo

perie

cepillo

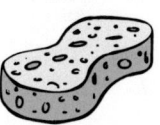

burete

esponja

mixer

batidora

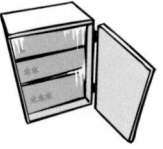

ladă frigorifică

congelador

biberon

biberón

robinet

grifo

baie

cuarto de baño

încălzire
calefacción
prosop
toalla
duș
ducha
perdea de duș
cortina de la ducha
baie cu spumă
baño de espuma
cadă
bañera
mașină de spălat
lavadora
gresie
baldosas
oală de noapte
orinal
robinet
grifo
pahar
vaso
chiuvetă
lavabo

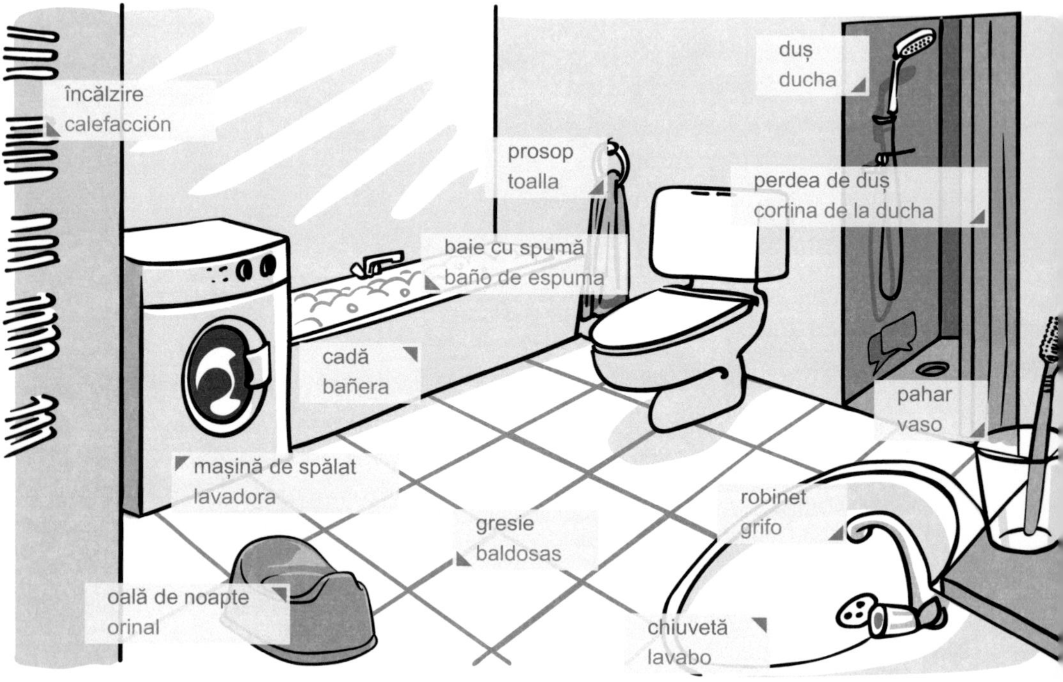

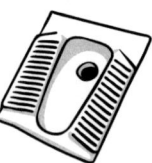

toaletă
inodoro

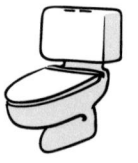

toaletă turcescă
inodoro rústico

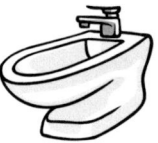

bideu
bidé

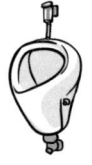

pisoir
urinario

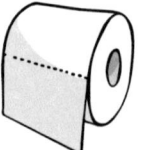

hârtie igienică
papel higiénico

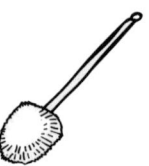

perie de toaletă
escobilla del váter

periuță de dinți

cepillo de dientes

pastă de dinți

pasta de dientes

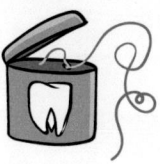

ață dentară

hilo dental

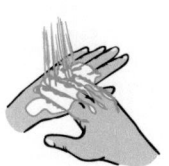

a spăla

lavar

cap de duș

ducha de mano

duș intim

ducha íntima

lavoar

pila

perie pentru spate

cepillo de espalda

săpun

jabón

gel de duș

gel de ducha

șampon

champú

cârpă de spălat

toallita

scurgere

desagüe

cremă

crema

deodorant

desodorante

oglindă

espejo

oglindă cosmetică

espejo de tocador

aparat de ras

maquinilla de afeitar

spumă de ras

espuma de afeitar

aftershave

loción postafeitado

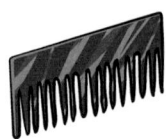

pieptene

peine

perie

cepillo

uscător de păr

secador

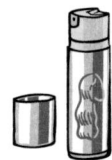

fixator

laca

machiaj

maquillaje

ruj

pintalabios

lac de unghii

pintauñas

vată

algodón

foarfece de unghii

cortauñas

parfum

perfume

neseser

estuche de viaje

taburet

banqueta

cântar

balanza

halat de baie

albornoz

mănuși de cauciuc

guantes de goma

tampon

tampón

tampon

compresa

toaletă chimică

inodoro químico

camera copiilor
habitación de los niños

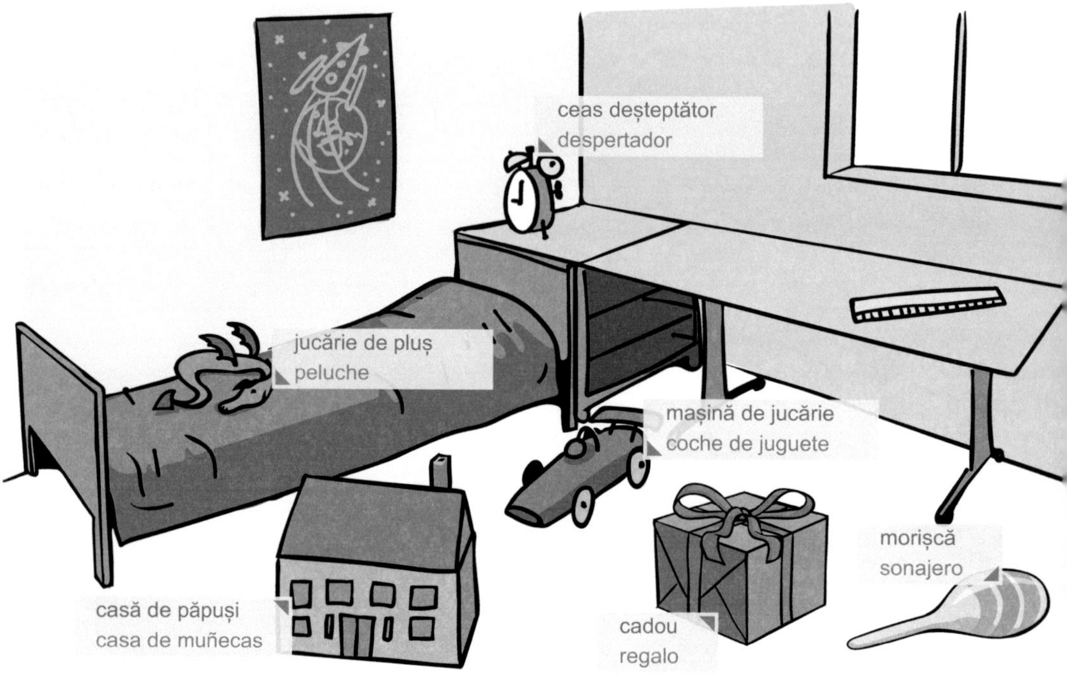

ceas deșteptător
despertador
jucărie de pluș
peluche
mașină de jucărie
coche de juguete
morișcă
sonajero
casă de păpuși
casa de muñecas
cadou
regalo

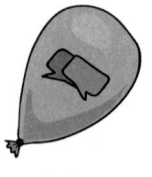

balon

globo

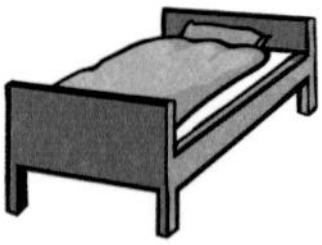

pat

cama

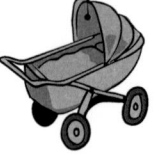

cărucior de copii

coche de niño

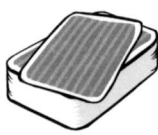

joc de cărți

naipes

SUPER
MEGA

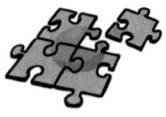

puzzle

puzle

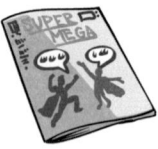

revistă de benzi desenate

tebeo

cuburi lego

piezas de lego

piese pentru construcţii

bloques de juguete

personaj din filmele de acţiune

figura de acción

body

bodi (de bebé)

frisbee

frisbee

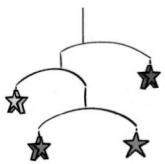

mobil

colgador móvil para bebés

joc de societate

juego de mesa

zar

dados

set trenuleţ de jucărie

circuito de tren eléctrico

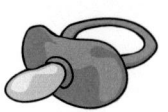

suzetă

maniquí

petrecere

fiesta

carte cu poze

álbum de fotos

minge

pelota

păpuşă

muñeca

a se juca

jugar

groapă de nisip

cajón de arena

leagăn

columpio

jucării

juguetes

consolă video

videoconsola

tricicletă

triciclo

ursuleț

oso de peluche

dulap

guardarropa

îmbrăcăminte

ropa

șosete

calcetines

ciorapi

medias

dres

leotardos

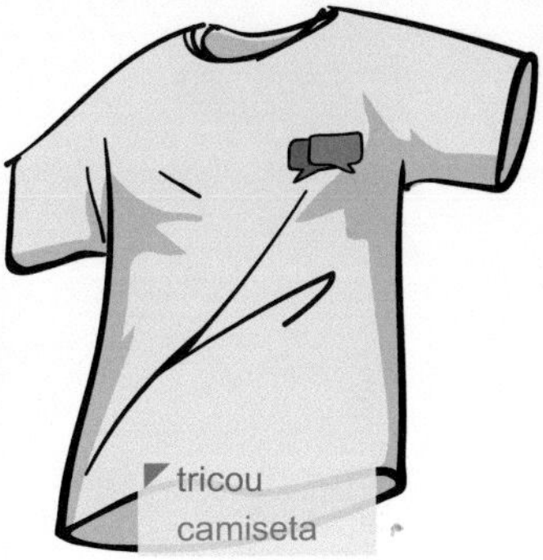

şal
bufanda

curea
cinturón

umbrelă
paraguas

tricou
camiseta

cizme
botas

papuci
zapatillas

pantofi sport
deportivas

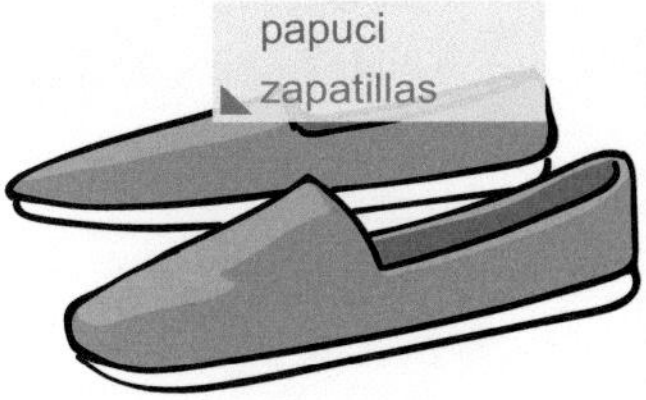

sandale
....
sandalias

încălţăminte
....
zapatos

cizme de cauciuc
....
botas de goma

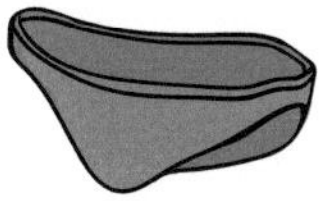

chilot
....
slip

sutien
....
sostén

maiou
....
chaleco

body

bodi

pantaloni

pantalones

blugi

vaqueros

fustă

falda

bluză

blusa

cămașă

camisa

pulover

jersey

jerseu

suéter

sacou

blazer

jachetă

chaqueta

palton

abrigo

pelerină de ploaie

gabardina

costum

traje

rochie

vestido

rochie de mireasă

vestido de novia

costum

traje

cămașă de noapte

camisón

pijama

pijama

sari

sari

batic

bandana

turban

turbante

burka

burka

caftan

caftán

abaya

abaya

costum de baie

traje de baño

șort

bañador

pantaloni scurți

pantalones cortos

trening

chándal

șorț

delantal

mănuși

guantes

nasture

botón

ochelari

gafas

brățară

brazalete

lanț

collar

inel

anillo

cercel

pendiente

căciulă

gorra

umeraș

percha

pălărie

sombrero

cravată

corbata

fermoar

cremallera

cască

casco

bretele

tirantes

uniformă școlară

uniforme escolar

uniformă

uniforme

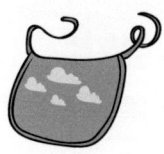

bavețică

babero

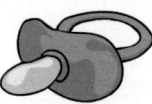

suzetă

maniquí

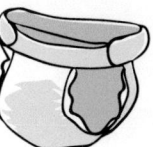

scutec

pañal

birou

oficina

server
servidor
dulap de acte
archivo
imprimantă
impresora
hârtie
papel
monitor
monitor
mouse
ratón
masă de birou
escritorio
fișier
carpeta
tastatură
teclado
coș de gunoi
papelera
computer
ordenador
scaun
silla

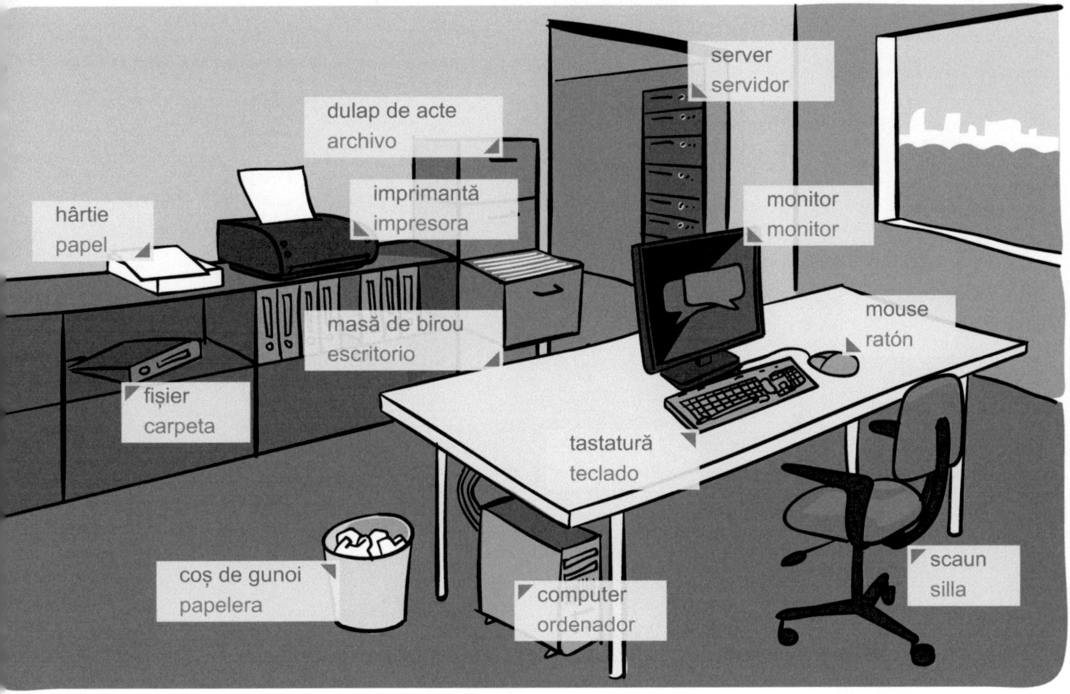

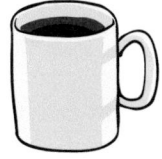

ceașcă de cafea

taza de café

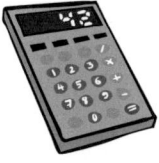

calculator

calculadora

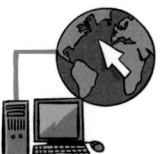

internet

internet

laptop

portátil

scrisoare

carta

mesaj

mensaje

telefon mobil

móvil

reţea

red

copiator

fotocopiadora

software

software

telefon

teléfono

priză

toma de corriente

fax

fax

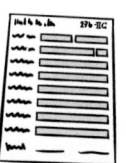

formular

formulario

document

documento

a cumpăra

comprar

a plăti

pagar

a face comerț

comerciar

bani

dinero

Dolar

dólar

Euro

euro

Yen

yen

Rublă

rublo

Franc Elvețian

franco suizo

renminbi yuan

renminbi yuan

Rupie

rupia

bancomat

cajero automático

casă de schimb valutar

oficina de cambio de divisas

aur

oro

argint

plata

petrol

petróleo

energie

energía

preț

precio

contract

contrato

impozit

impuesto

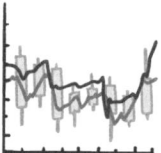

acțiune

acción

a munci

trabajar

angajat

empleado

angajator

empleador

fabrică

fábrica

magazin

tienda

ocupații
oficios

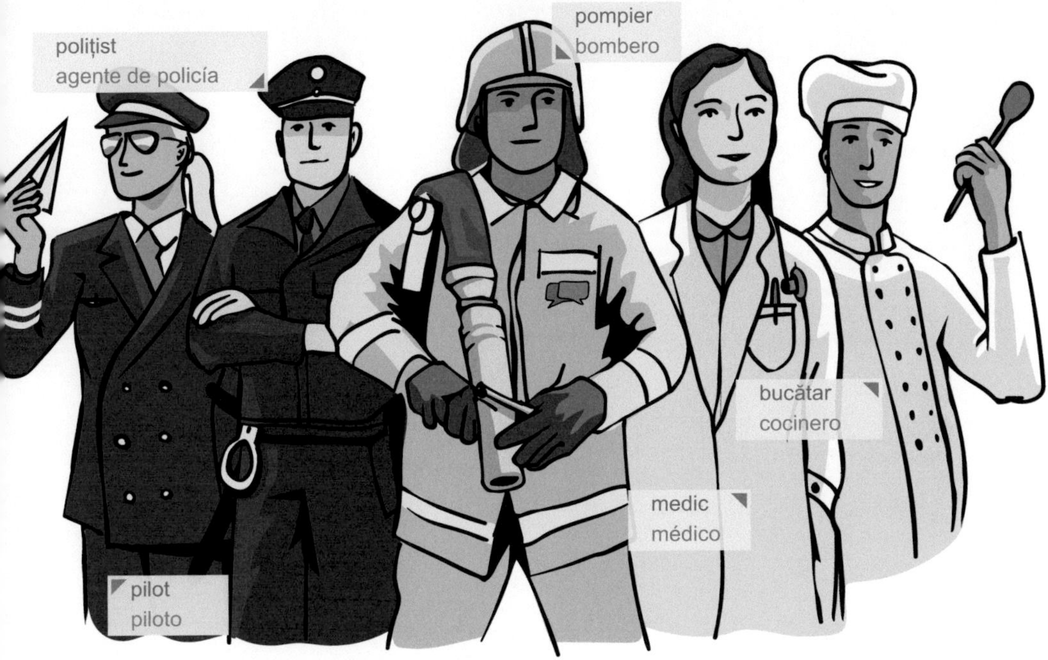

polițist
agente de policía
pompier
bombero
bucătar
cocinero
medic
médico
pilot
piloto

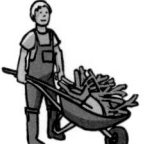

grădinar

jardinero

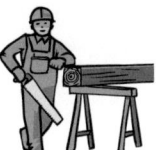

tâmplar

carpintero

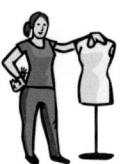

cusătoreasă

costurera

judecător

juez

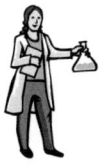

chimist

farmacéutico

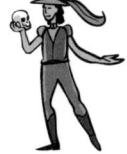

actor

actor

șofer de autobuz

conductor de autobús

șofer de taxi

taxista

pescar

pescador

femeie de serviciu

señora de la limpieza

tinichigiu

techador

chelnăr

camarero

vânător

cazador

pictor

pintor

brutar

panadero

electrician

electricista

muncitor în construcții

obrero

inginer

ingeniero

măcelar

carnicero

instalator

fontanero

poștaș

cartero

soldat

soldado

arhitect

arquitecto

casier

cajero

florar

florista

frizer

peluquero

controlor

revisor

mecanic

mecánico

căpitan

capitán

stomatolog

dentista

om de știință

científico

rabin

rabino

imam

imán

călugăr

monje

preot

sacerdote

instrumente
herramientas

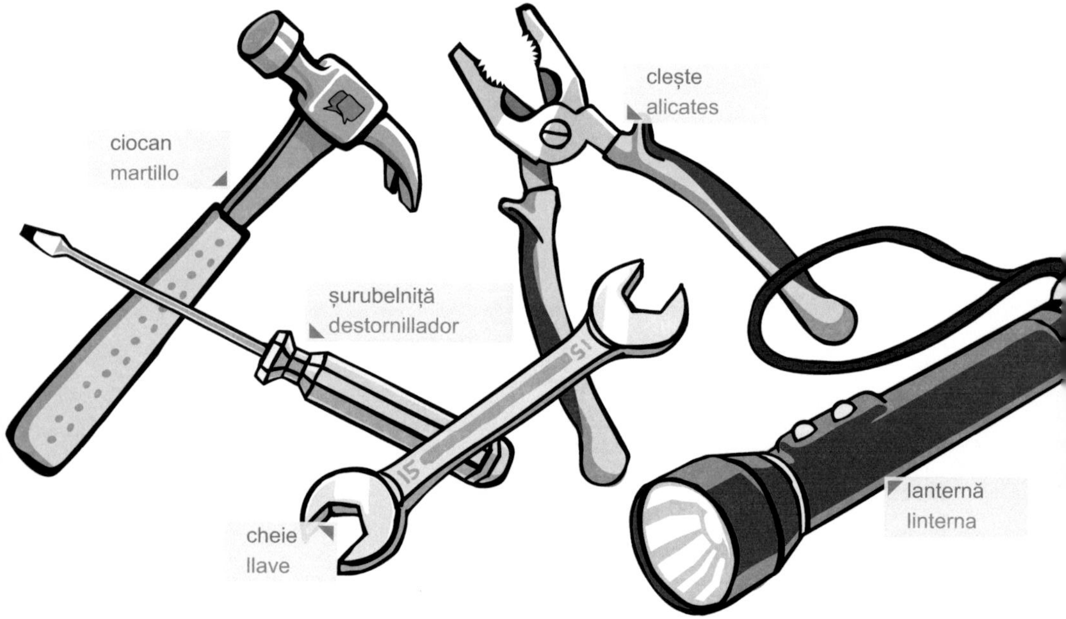
ciocan
martillo
clește
alicates
șurubelniță
destornillador
cheie
llave
lanternă
linterna

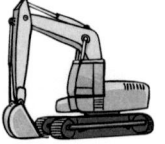

excavator

excavadora

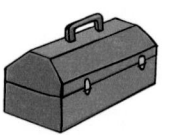

cutie de scule

caja de herramientas

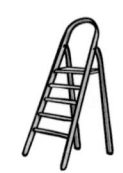

scară

escalera de mano

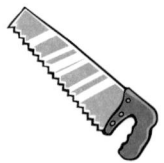

ferăstrău

sierra

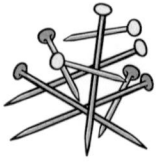

cuie

clavos

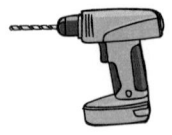

burghiu

taladro

a repara
reparar

lopată
pala

La naiba!
¡Maldita sea!

făraș
recogedor

vas pentru vopsea
bote de pintura

șuruburi
tornillos

instrumente muzicale
instrumentos musicales

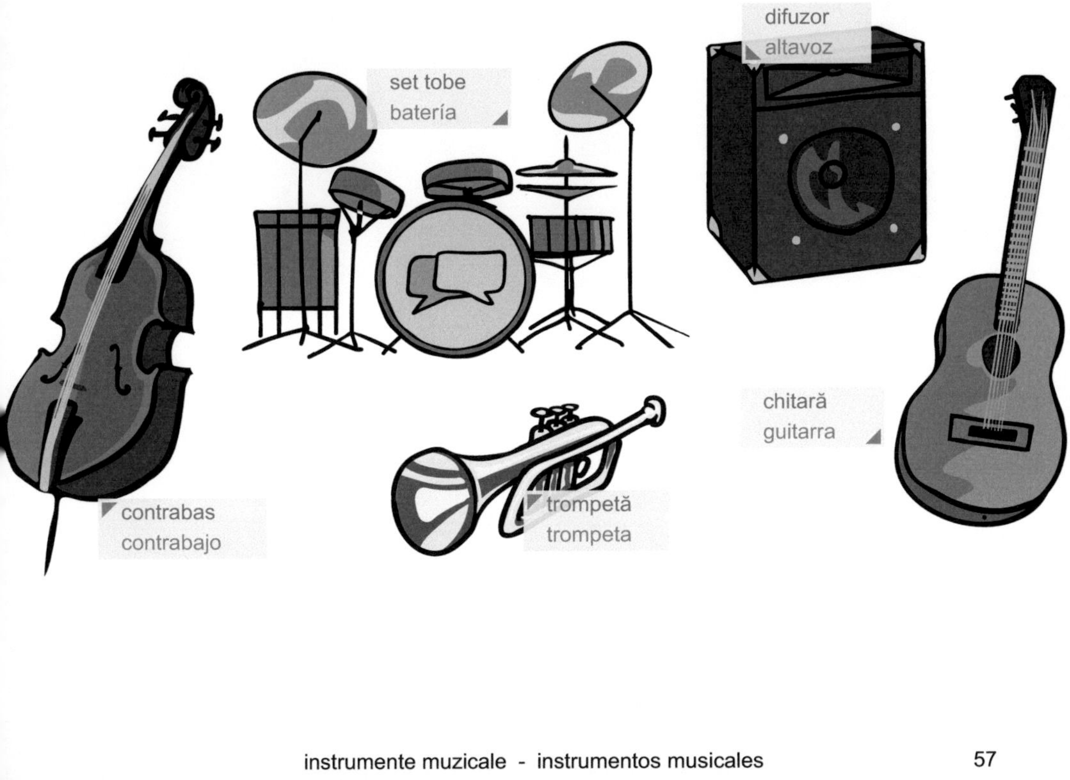

set tobe
batería

difuzor
altavoz

chitară
guitarra

contrabas
contrabajo

trompetă
trompeta

pian

piano

vioară

violín

bas

bajo

trombon

timbales

tobă

tambor

keyboard

teclado

saxofon

saxofón

fluier

flauta

microfon

micrófono

grădină zoologică

zoo

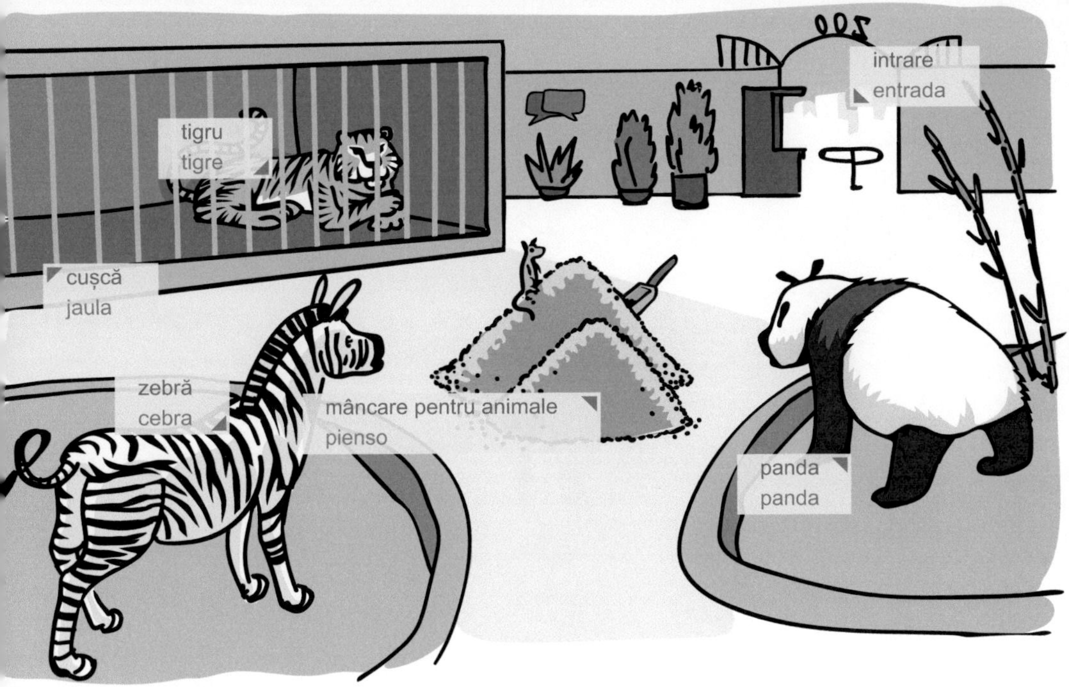
intrare
entrada
tigru
tigre
cușcă
jaula
zebră
cebra
mâncare pentru animale
pienso
panda
panda

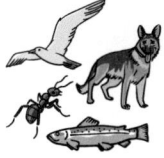

animale

animales

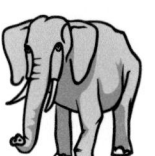

elefant

elefante

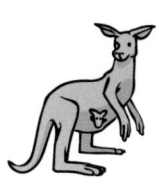

cangur

canguro

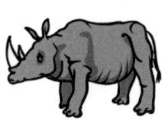

rinocer

rinoceronte

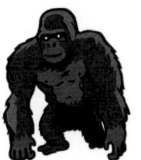

gorilă

gorila

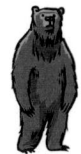

urs

oso

cămilă

camello

struț

avestruz

leu

león

maimuță

mono

flamingo

flamingo

papagal

loro

urs polar

oso polar

pinguin

pingüino

rechin

tiburón

păun

pavo real

șarpe

serpiente

crocodil

cocodrilo

îngrijitor grădina zoologică

guardián de zoológico

focă

foca

jaguar

jaguar

ponei

poni

leopard

leopardo

hipopotam

hipopótamo

girafă

jirafa

acvilă

águila

porc mistreț

jabalí

pește

pescado

broască țestoasă

tortuga

morsă

morsa

vulpe

zorro

gazelă

gacela

fotbal american
fútbol americano

ciclism
ciclismo

tenis
tenis

basketball
baloncesto

înot
natación

box
boxeo

hockey pe gheață
hockey sobre hielo

fotbal
fútbol

badminton
bádminton

atletism
atletismo

handbal
balonmano

schi
esquí

polo
polo

activități
actividades

a sări
saltar
a îmbrățișa
abrazar
a râde
reír
a merge
caminar
a cânta
cantar
a visa
soñar
a se ruga
rezar
a săruta
besar

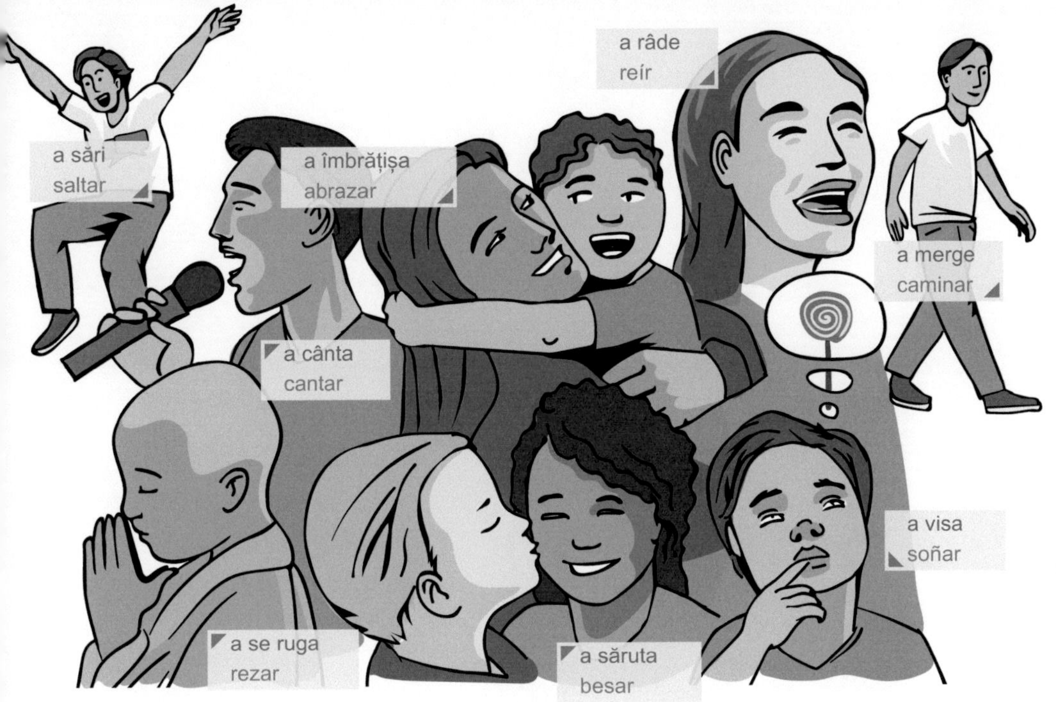

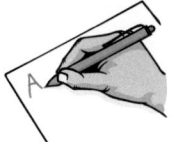

a scrie
escribir

a desena
dibujar

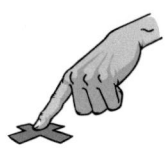

a arăta
mostrar

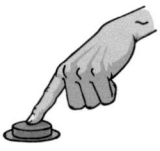

a împinge
empujar

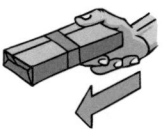

a da
dar

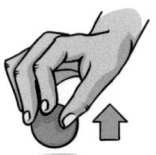

a lua
tomar

a avea

tener

a face

hacer

a fi

ser

a sta în picioare

estar de pie

a fugi

correr

a trage

tirar

a arunca

tirar

a cădea

caer

a sta întins

yacer

a aștepta

esperar

a purta

llevar

a ședea

estar sentado

a se îmbrăca

vestirse

a dormi

dormir

a se trezi

despertar

a privi

mirar

a plânge

llorar

a mângâia

acariciar

a se pieptăna

peinar

a vorbi

hablar

a înțelege

entender

a întreba

preguntar

a asculta

escuchar

a bea

beber

a mânca

comer

a face ordine

ordenar

a iubi

amar

a găti

cocinar

a conduce

conducir

a zbura

volar

a naviga

navegar

a calcula

calcular

a citi

leer

a învăţa

aprender

a munci

trabajar

a se căsători

casarse

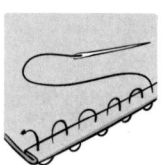

a coase

coser

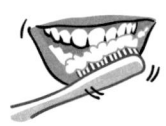

a se spăla pe dinţi

cepillarse los dientes

a ucide

matar

a fuma

fumar

a trimite

enviar

activităţi - actividades

familie
familia

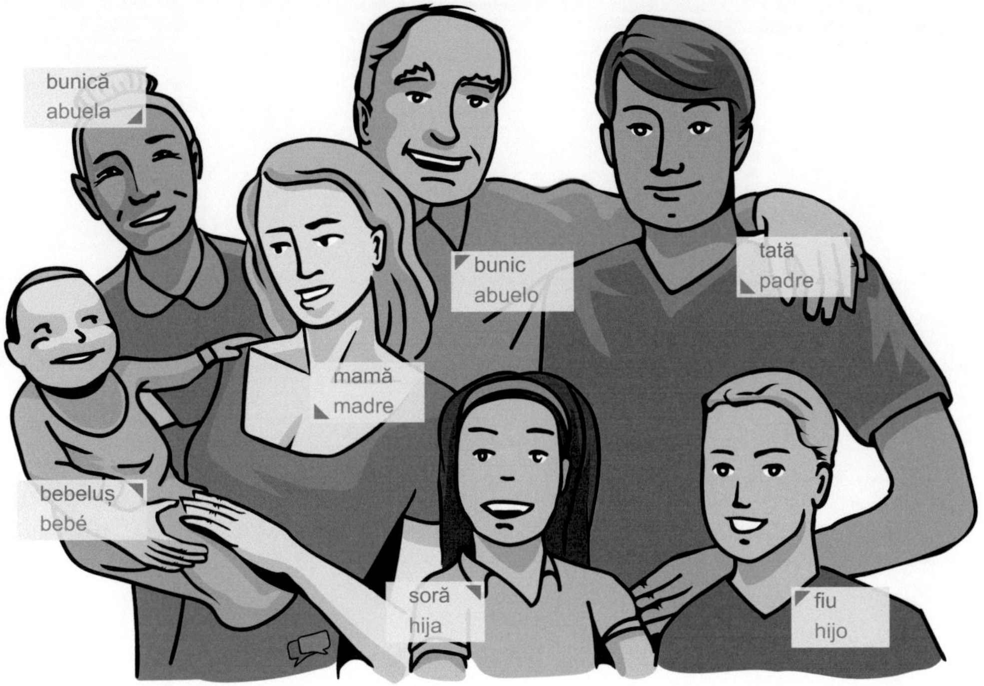

bunică
abuela
bunic
abuelo
tată
padre
mamă
madre
bebeluș
bebé
soră
hija
fiu
hijo

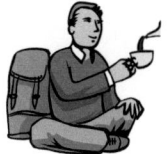

oaspete

invitado

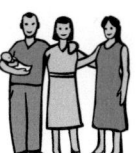

mătușă

tía

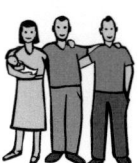

unchi

tío

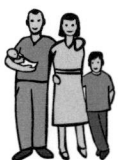

frate

hermano

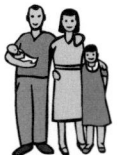

soră

hermana

corp
cuerpo

frunte
frente
ochi
ojo
umăr
hombro
deget
dedo
fată
cara
bărbie
barbilla
mână
mano
picior
pierna
piept
pecho
braț
brazo

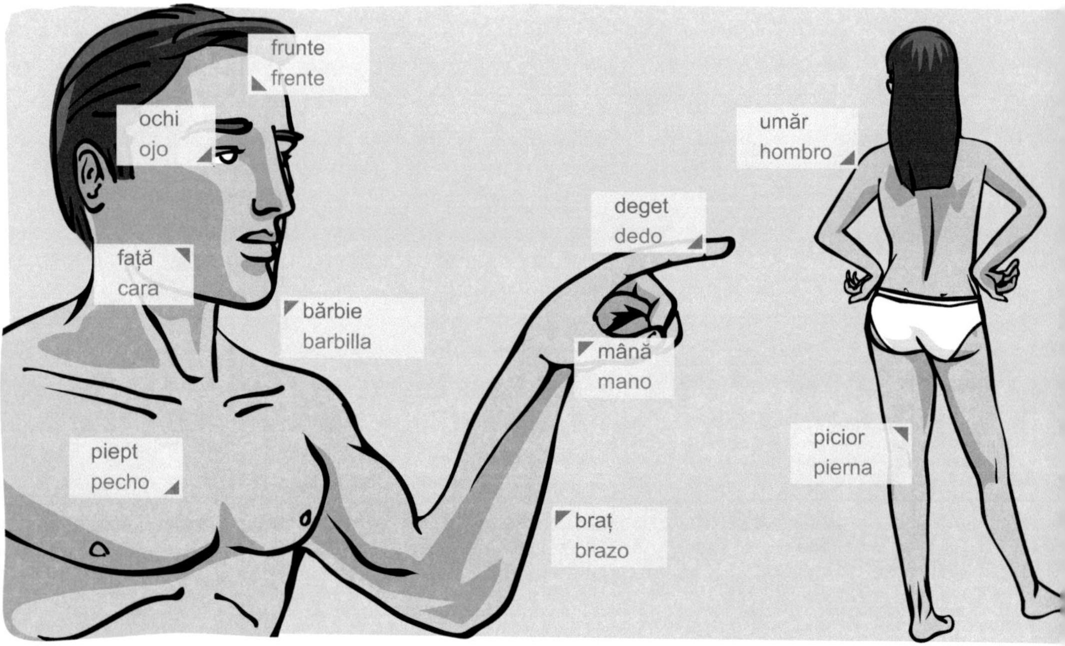

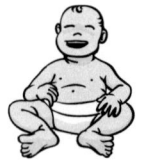

bebeluș

bebé

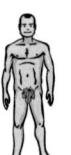

bărbat

hombre

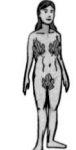

femeie

mujer

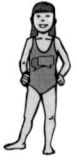

fată

chica

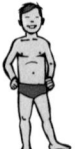

băiat

chico

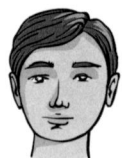

cap

cabeza

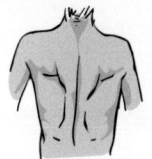

spate

espalda

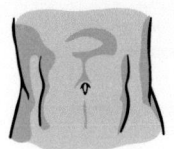

abdomen

vientre

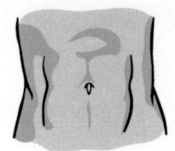

ombilic

ombligo

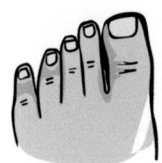

deget de la picior

dedo del pie

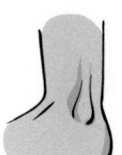

călcâi

talón

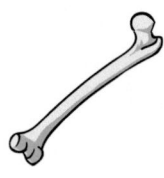

os

hueso

șold

cadera

genunchi

rodilla

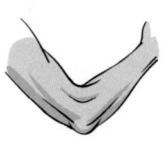

cot

codo

nas

nariz

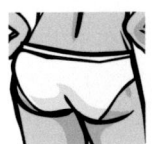

fund

trasero

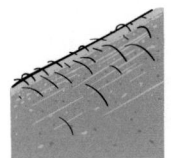

piele

piel

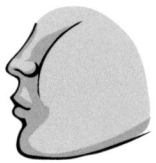

obraz

mejilla

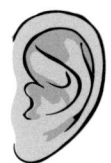

ureche

oído

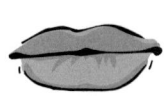

buză

labio

gură
boca

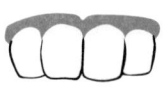

dinte
diente

limbă
lengua

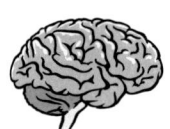

creier
cerebro

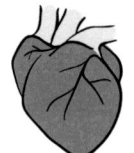

inimă
corazón

muşchi
músculo

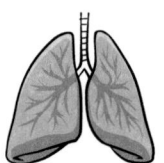

plămân
pulmón

ficat
hígado

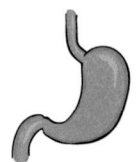

stomac
estómago

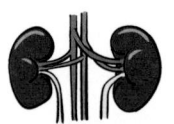

rinichi
riñones

sex
sexo

prezervativ
condón

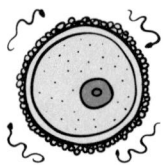

ovul
ovario

spermă
semen

sarcină
embarazo

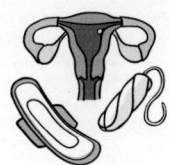

menstruație
....
menstruación

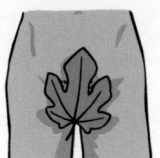

vagin
....
vagina

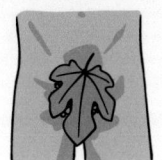

penis
....
pene

sprânceană
....
ceja

păr
....
pelo

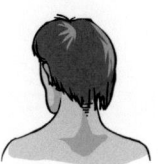

gât
....
cuello

spital
hospital

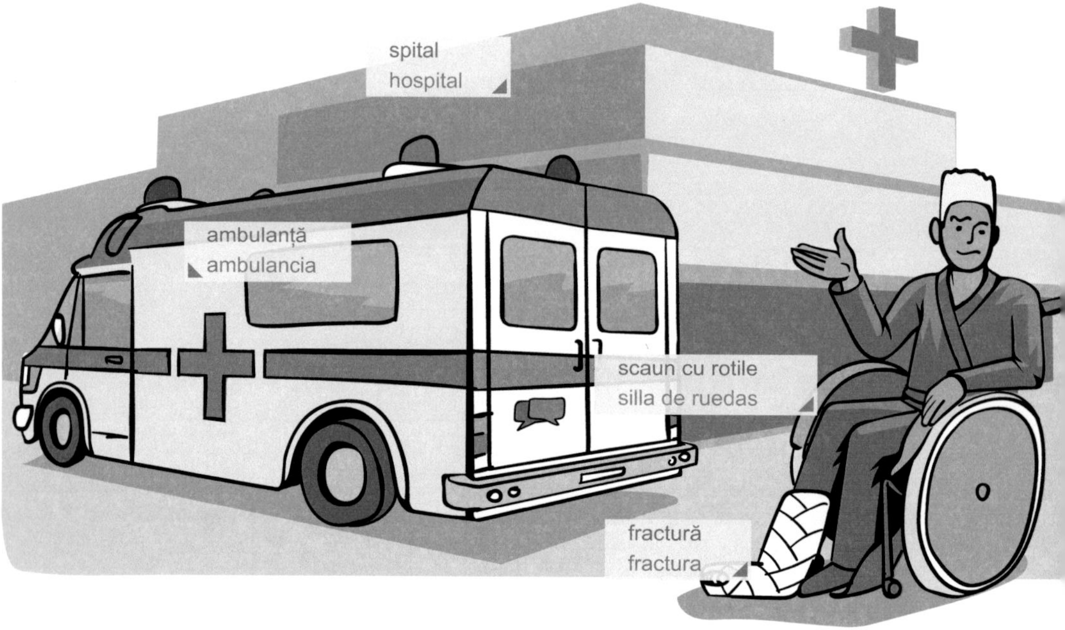

spital
hospital
ambulanță
ambulancia
scaun cu rotile
silla de ruedas
fractură
fractura

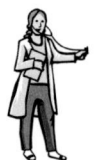

medic

médico

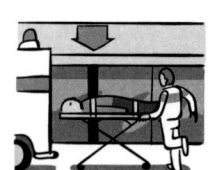

unitate de primiri urgențe

sala de urgencias

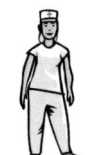

soră medicală

enfermera

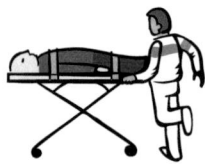

urgență

urgencia

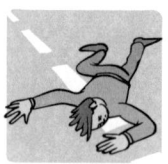

inconștient

inconsciente

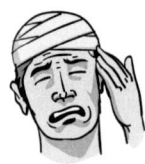

durere

dolor

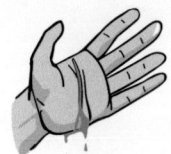

leziune
....
lesión

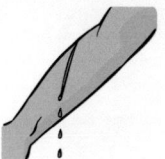

sângerare
....
hemorragia

infarct miocardic
....
infarto

atac cerebral
....
ictus

alergie
....
alergia

tuse
....
tos

febră
....
fiebre

gripă
....
gripe

diaree
....
diarrea

durere de cap
....
dolor de cabeza

cancer
....
cáncer

diabet
....
diabetes

chirurg
....
cirujano

scalpel
....
bisturí

operație
....
operación

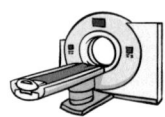

CT

TAC

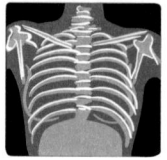

raze Röntgen

rayos x

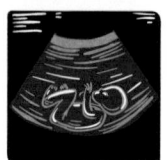

ultrasunet

ultrasonido

mască

mascarilla

boală

enfermedad

sală de așteptare

sala de espera

cârjă

muleta

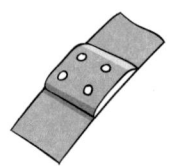

plasture

tirita

bandaj

venda

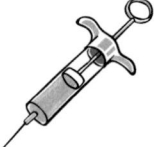

injecție

inyección

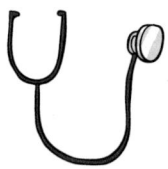

stetoscop

estetoscopio

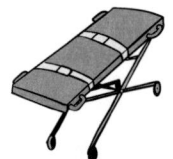

targă

camilla

termometru

termómetro

naștere

nacimiento

supraponderabilitate

sobrepeso

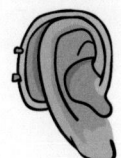

aparat auditiv

audífono

dezinfectant

desinfectante

infecţie

infección

virus

virus

HIV/SIDA

VIH / SIDA

medicină

medicina

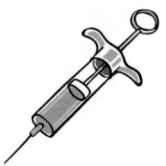

vaccin

vacunación

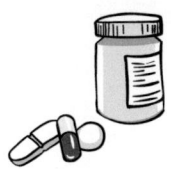

tablete

tabletas

pastilă

pastilla

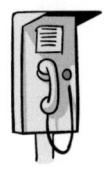

apel de urgenţă

llamada de urgencia

aparat de măsurare a
presiunii arteriale

tensiómetro

bolnav/sănătos

enfermo / sano

Ajutor!

¡Socorro!

alarmă

alarma

agresiune

asalto

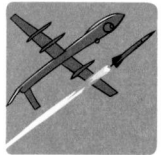

atac

ataque

pericol

peligro

ieșire de urgență

salida de emergencia

Foc!

¡Fuego!

extinctor

extintor de incendios

accident

accidente

trusă de prim-ajutor

botiquín de primeros
auxilios

SOS

SOS

poliție

policía

Europa

Europa

America de Nord

Norteamérica

America de Sud

Sudamérica

Africa

África

Asia

Asia

Australia

Australia

Altantic

Atlántico

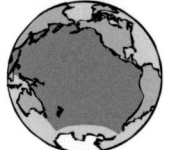

Pacific

Pacífico

Oceanul Indian

Océano Índico

Oceanul Antarctic

Océano Antártico

Oceanul Arctic

Océano Ártico

Polul Nord

polo norte

Polul Sud

polo sur

Antarctica

Antártida

pământ

tierra

țară

tierra

mare

mar

insulă

isla

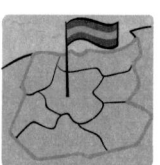

națiune

nación

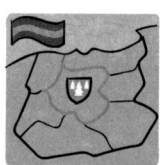

stat

estado

cadran
esfera

orar
manecilla de las horas

minutar
minutero

secundar
segundero

Cât e ceasul?
¿Qué hora es?

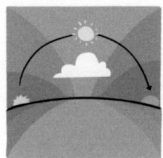

zi
día

timp
tiempo

acum
ahora

cead digital
reloj digital

minut
minuto

oră
hora

săptămână
semana

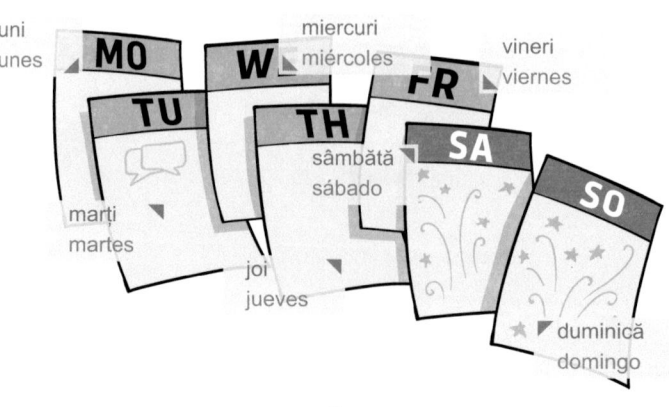

luni
lunes

miercuri
miércoles

vineri
viernes

marți
martes

joi
jueves

sâmbătă
sábado

duminică
domingo

ieri

ayer

azi

hoy

mâine

mañana

dimineață

mañana

amiază

mediodía

seară

tarde

MO	TU	WE	TH	FR	SA	SU
1	2	3	4	5	6	7
8	9	10	11	12	13	14
15	16	17	18	19	20	21
22	23	24	25	26	27	28
29	30	31	1	2	3	4

zile lucrătoare

días laborables

MO	TU	WE	TH	FR	SA	SU
1	2	3	4	5	6	7
8	9	10	11	12	13	14
15	16	17	18	19	20	21
22	23	24	25	26	27	28
29	30	31	1	2	3	4

week-end

fin de semana

curcubeu
arcoíris

ploaie
lluvia

zăpadă
nieve

vânt
viento

primăvară
primavera

toamnă
otoño

vară
verano

iarnă
invierno

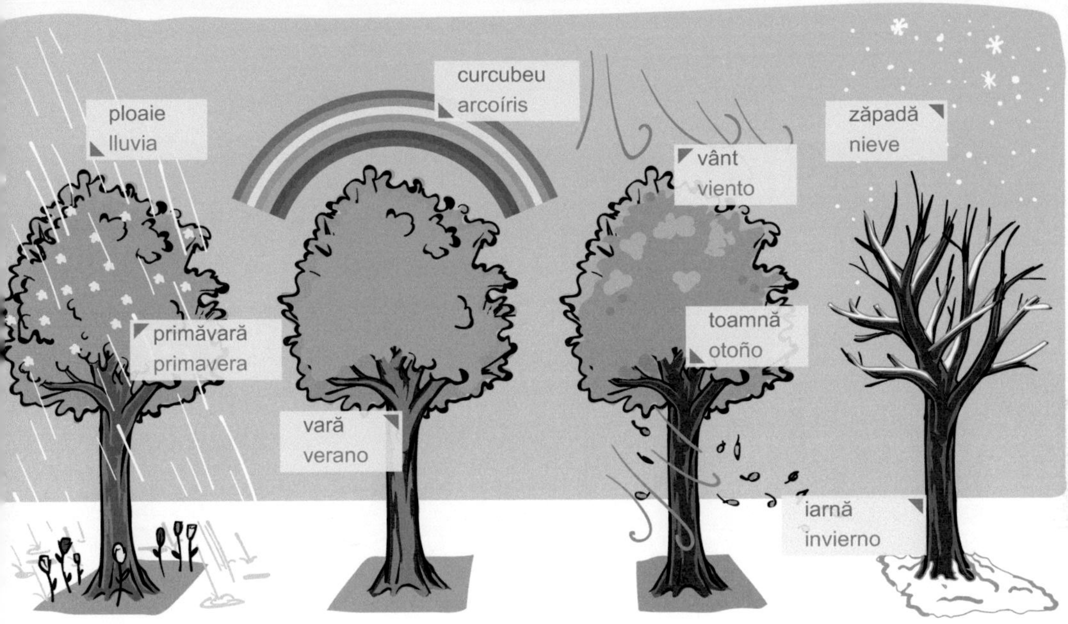

prognoză meteo

pronóstico del tiempo

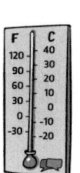

termometru

termómetro

lumina soarelui

sol

nor

nube

ceață

niebla

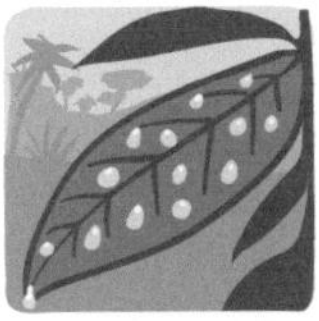

umiditate a aerului

humedad

fulger

rayo

tunet

trueno

furtună

tormenta

grindină

granizo

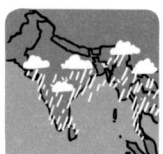

muson

monzón

inundaţie

inundación

gheaţă

hielo

ianuarie

enero

februarie

febrero

martie

marzo

aprilie

abril

mai

mayo

iunie

junio

iulie

julio

august

agosto

an - año

septembrie
....
septiembre

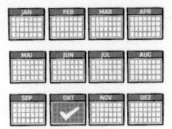

octombrie
....
octubre

noiembrie
....
noviembre

decembrie
....
diciembre

forme
formas

cerc
....
círculo

pătrat
....
cuadrado

dreptunghi
....
rectángulo

triunghi
....
triángulo

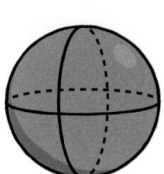

sferă
....
esfera

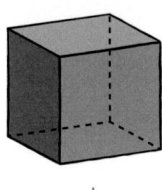

cub
....
cubo

alb

blanco

galben

amarillo

portocaliu

anaranjado

roz

rosa

roșu

rojo

violet

morado

albastru

azul

verde

verde

maro

marrón

gri

gris

negru

negro

mult/puțin

mucho / poco

furios/calm

enojado / tranquilo

frumos/urât

bonito / feo

început/sfârșit

principio / fin

mare/mic

grande / pequeño

luminos/întunecat

claro / oscuro

frate/soră

hermano / hermana

curat/murdar

limpio / sucio

complet/incomplet

completo / incompleto

zi/noapte

día / noche

mort/viu

muerto / vivo

lat/strâmt

ancho / estrecho

comestibil/necomestibil

comestible / no comestible

rău/prietenos

malo / amable

emoționat/plictisit

entusiasmado / aburrido

gras/slab

gordo / delgado

primul/ultimul

primero / último

prieten/inamic

amigo / enemigo

plin/gol

lleno / vacío

tare/moale

duro / blando

greu/ușor

pesado / ligero

foame/sete

hambre / sed

bolnav/sănătos

enfermo / sano

ilegal/legal

ilegal / legal

inteligent/stupid

inteligente / tonto

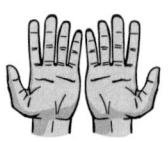

stânga/drepta

izquierda / derecha

aproape/departe

cerca / lejos

antonime - opuestos

nou/uzat

nuevo / usado

nimic/ceva

nada / algo

bătrân/tânăr

viejo / joven

pornit/oprit

encendido / apagado

deschis/închis

abierto / cerrado

încet/tare

silencioso / ruidoso

bogat/sărac

rico / pobre

corect/fals

correcto / incorrecto

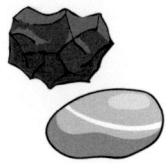

aspru/neted

áspero / suave

trist/fericit

triste / contento

lung/scurt

corto / largo

încet/repede

lento / rápido

ud/uscat

húmedo / seco

cald/rece

cálido / frío

război/pace

guerra / paz

0

zero

cero

1

unu

uno

2

doi

dos

3

trei

tres

4

patru

cuatro

5

cinci

cinco

6

șase

seis

7

șapte

siete

8

opt

ocho

9

nouă

nueve

10

zece

diez

11

unsprezece

once

12

douăsprezece

doce

13

treisprezece

trece

14

paisprezece

catorce

15

cincisprezece

quince

16

șaisprezece

dieciséis

17

șaptesprezece

diecisiete

18

optsprezece

dieciocho

19

nouăsprezece

diecinueve

20

douăzeci

veinte

100

o sută

cien

1.000

o mie

mil

1.000.000

un milion

millón

engleză

inglés

engleză americană

inglés americano

chineza mandarină

chino mandarín

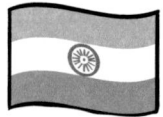

hindi

hindi

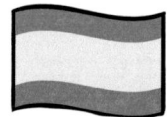

spaniolă

español

franceză

francés

arabă

árabe

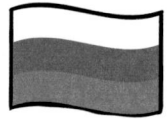

rusă

ruso

protugheză

portugués

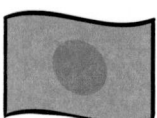

bengaleză

bengalí

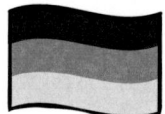

germană

alemán

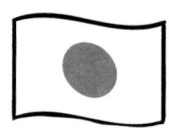

japoneză

japonés

eu
yo

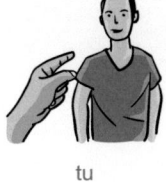

tu
tú

el/ea
él / ella / ello

noi
nosotros/as

voi
vosotros/as

ea
ellos/as

cine?
¿quién?

ce?
¿qué?

cum?
¿cómo?

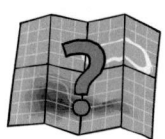

unde?
¿dónde?

când?
¿cuándo?

nume
nombre

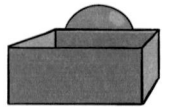

în spate

detrás

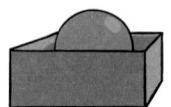

în

en

înainte

delante de

peste

por encima de

pe

sobre

sub

debajo de

lângă

junto a

între

entre

loc

lugar